# ANECDOTAS DE UN CABRON COMÚN Y CORRIENTE

# ANECDOTAS DE UN CABRON COMÚN Y CORRIENTE

*(Más corriente que común)*

## MARIO FOYO FERNANDEZ

Número de Control de la Biblioteca
del Congreso de EE. UU.:                          2012900758
ISBN:           Tapa Blanda        978-1-4633-1580-1
                Libro Electrónico  978-1-4633-1579-5

**Para pedidos de copias adicionales de este libro, por favor contacte con:**
Palibrio
1663 Liberty Drive
Suite 200
Bloomington, IN 47403
Llamadas desde los EE.UU. 877.407.5847
Llamadas internacionales +1.812.671.9757
Fax: +1.812.355.1576
ventas@palibrio.com
380298

# *Tabla de Contenidos*

# Con Gratitud

Para mi entrañable amigo **Sergio Arturo Venegas Alarcón**, a quien agradezco profundamente sus conceptos en el excelente prólogo que me aportó para darle mayor interés a este anecdotario y que con todos sus reconocimientos como el gran periodista que es, sin lugar a duda engalana este modesto escrito, que no tiene otro propósito que entretener a amigos y familia.

A mi gran amigo el escultor de fama internacional, cuyas obras se encuentran en Museos de España y México y otras partes de América **Raymundo Cobo Reyes**, quien con la aportación de sus caricaturas, da también otro gran elemento de lustre, para que nos entretengamos más en la lectura de estas remembranzas de juventud.

No podría dejar de mencionar al amigo de ya casi toda la vida, quien como siempre está dispuesto a ayudar y patrocinar todo aquello que una al grupo de amigos y se perpetúe esa amistad en algo que sea para siempre, sea una escultura, pintura o un libro. A **Juan Antonio Soto Septién**, mi amistad invariable y mi agradecimiento.

A todos mis amigos y familiares, sin quienes no hubiera habido los elementos anecdotarios para intentar este recordatorio.

# Prólogo muy común y corriente

**Por Sergio Arturo Venegas Alarcón**

Probablemente este libro no obtenga el Premio Nobel y no nos veamos el año próximo en Estocolmo, Suecia como anticipa su autor Mario Foyo Fernández, pero tengo para mi que sí se ganará una buena carretada de carcajadas, de felicitaciones y hasta las mentadas de algunos de los aludidos, propios e impropios, familiares y amigos todos.

Abusando de la amistad, esa frase le faltó, el ingeniero y novel escritor—que no Nobel, aunque quisiera- me eligió para escribirle el prólogo, no se si por conocernos desde que alimentaba perritos, él claro, en Purina, que ya ni existe o por compartir algunas de sus pato-aventuras, como cuando siendo directivo de Los Gallos Blancos, él claro, se anunciaba que nos íbamos a la primera y nos fuimos a la chingada, por enésima vez.

Debo reconocer que dos cosas me sorprendieron: que él fuera escritor y que me pidiera estos comentarios. ¿Cómo negarse? Nuncamente. Y menos después de leer las "Anécdotas de un cabrón común y corriente", obra que viene a enriquecer el anecdotario mexica y a regocijarnos con su sentido del humor y absoluta falta de respeto por las buenas costumbres, mandando—él sí- al diablo a las instituciones. Imposible decirle que no. Los amigos se conocen en la cárcel, en los hospitales y en los libros. Éste es el caso. Clínico, pero es el caso.

Mario, alquilado de niño dios en los nacimientos del siglo pasado (se oye genial cuando habla uno de gente conocida) es un hombre de muchas cualidades. Es chiva y qué, además de ex marista, empresario, moderno corredor de bienes raíces—órale- y gastroenterólogo en ausencia de su hermano Jaime, pero sobre todo un cabrón confeso, hecho y derecho. Niéguenmelo.

De sus bromas fueron víctimas una prima y otros familiares cercanos, pero donde no se midió fue con un príncipe de nuestra Santa Iglesia. Dios lo perdone, porque se va a condenar.

Acepté pergeñar estas líneas, ignorando si fui o no el único al que se lo pidió o si otros se negaron, pero lo he hecho con mucho gusto, primero por el afecto que le tengo desde hace más de 40 años y segundo porque estoy seguro que no me lo volverá a pedir, porque a diferencia de otros amigos metidos a historiadores (tengo uno que ha escrito más libros de los que ha leído) a Mario le van a llover tantas críticas y mentadas que no le quedarán ganas de hacer una segunda parte. Me cae.

Debo decir, por eso se justifican los prólogos, que el libro es altamente recomendable para levantarnos el ánimo y enriquecer el humor en tiempos tan difíciles. Que es ampliamente aconsejable para vivir y revivir momentos propios e impropios de los años mozos y para celebrar la vida. Lo recomiendo ampliamente porque tiene lo que un viejo y respetado abogado queretano, don Jesús Pozo, "Papa Chuchito", llamaba "mundología".

Por eso y por mucho más creo, mi querido Mario, que el año próximo no nos vamos a ver en Estocolmo, porque en esa calle de Tejeda (municipio de Corregidora, Querétaro) no hay un sólo sitio que expenda buenos ansiolíticos, sino en el Rinconcito Bar de tus mocedades o en cualquier otro de los muchos templos de la sabiduría y el buen beber para brindar por los momentos de insano regocijo proporcionados por este anecdotario furibundo y entrañable.

¡Salud!

Santiago de Querétaro, Qro. A principios del 2012.

**NOTA:** *El prologuista es director general de Plaza de Armas, El Periódico de Querétaro. Antes lo ha sido de Diario de Querétaro, El Sol de San Juan, El Sol de San Luis Potosí y El Sol de México.*

# Remembranzas y Reconocimientos

Yo sería un ojete de no reconocer que por el sistema educacional y tradicional desde Adán (que fue mandilón) y Eva (que fue.....mujer), debo hacer el reconocimiento que sin la voluntad de mi Mamá y la generosa aceptación de mi Papá, en ese acto grandioso que Dios nos regala; simplemente yo no estaría aquí.

Es por lo anterior que a ambos les dedico mis recuerdos, pero sin duda, principalmente mi amor y pido su perdón por el aumento o ligera modificación a la realidad de las anécdotas, que solo es para añorar más su ausencia.

Por lo que a mi familia (privada) corresponde, no cabe duda que tengo que hacerle un gran reconocimiento a Lolita mi Señora, que ha sido la mejor *liga y unión con nosotros y que ha sabido llevar con cariño, generosidad, dignidad y entrega,,,,,, (ya párale cabrón) el regalo que Dios le dio conmigo,,,,,,,,,, (Te amo mucho gorda).*

*De mis Hijos: Tengo un cúmulo de recuerdos y anécdotas para hacer muchas páginas, pero solo les digo que le dieron valor y objeto a mi vida (aunque también preocupaciones, ...no se hagan como yo era antes..) les dejo la seguridad que los amo muchísimo y les agradezco mucho que sean...como son...y estoy muy orgulloso de Ustedes.*

*De mis Nietos, solo les digo que son el renuevo de vida que todos esperamos, porque con los hijos tenemos la grave responsabilidad de educarlos y corregirlos, lo que no nos da en su tiempo, la mayor popularidad, pero a los nietos es solo amarlos y consentiros. A los querubines,,,así les digo a mis yernos y una nuera a quien quiero como a otra hija..un beso Mary.*

*A TODOS USTEDES MI AMOR Y QUE DISFRUTEN DE ESTAS ANÉCDOTAS COMO YO LO DISFRUTÉ RECORDANDOLO Y ESCRIBIENDOLO*

# Anécdotas de

# UN CABRON ..COMUN Y CORRIENTE....

## Sección 1

~

# (Porque No Llegan A Capítulos)

Desde mis muy lejanos orígenes, me enseñaron mis Padres la disciplina de la mirada autoritaria donde no había otra alternativa.. "Mas que chingarse" y creo, que con las técnicas actuales o avances tecnológicos, médicos, profilácticos, psiquiátricos, dentales, dietéticos, sensores de traumas infantiles, creadores de medios óptimos "pre-parto", para mitigar el shock del cabroncito que nace y no tiene puta idea de lo que hemos complicado su presencia aquí....Los Viejos debimos de habernos muerto hace muchos años por falta de ser "cuidados con el mercantilismo actual sobre los niños".

No podría empezar mis anécdotas, sin darle el mayor y más cariñoso recuerdo a mi Madre, que acarreó la tradición ancestral de la educación de los hijos, donde siempre empezaba por una aterradora y fatal sentencia:

### *"HAY UN DIOS QUE TODO LO VE"*

Cálense que tan bonito era yo de niño.
(y lo sigo siendo)

Ella me acompaño en mi niñez con verdadero entusiasmo e interés en mi proyección social, moral y anexos, por lo que me propuso y alquiló a los Padres de la Iglesia mi imagen, que no tenía madre (yo era muy bonito de niño y chingue a su madre el que lo dude). Me alquiló para Niño Dios en los nacimientos que se ponen en Diciembre y me exhibían encueradito en el pesebre. Fue un gran negocio y atracción turística, hasta que los padres, decidieron cancelar el contrato cuando cumplí trece años.

La sentencia inicial, pesaba mucho.

Esto en principio, lo obligaba a uno a no hacerse pendejo, pues los Maristas la apoyaban y así en este medio donde... "todos nos querían sí,... pero no se preocupaban mayormente por los niños" por lo que quiero compartir con ustedes algunos recuerdos de un cabrón muy común y más corriente.

## RECUERDOS DE MI LEJANA INFANCIA

*) Cuando yo me muera vas a llorar lagrimas de sangre. .Y será.Muy tarde.

Esta sentencia la escuchaba solo en situaciones extremas, cuando las calificaciones provenientes de un ojete Maestro, que siempre me trajo de encargo, me daba un misericordioso 4.

*) Qué van a decir de nosotros...Qué pena..Pero solo tú..

En aquellos inolvidables recuerdos de antaño del hermoso Querétaro, no puedo olvidar que todas las tardes nos llevaba una trabajadora doméstica, (abro un paréntesis para decir que

Tere, es quién nos batalló y para beneficio de nosotros es parte de nuestra familia) y convencí a una entrañable amiga, niña entonces, de que entráramos al Cine Plaza a ver una película, al fin entrabamos todas las veces y el Domingo que íbamos toda la familia, le cobraban a mi Papá la cuenta de todas las entradas de nosotros.

Tere alarmada le avisó a mi Papá que todas las noches jugaba dos horas de dominó en el viejo Gran Hotel, de mi situación. Me vocearon en el Cine y comprendí mi grave situación, salí corriendo y me metí a la fuente del jardín donde los pinches patos de adorno y por donde sale el agua para la fuente, se encargaban de empaparme. Después de forzadas negociaciones mi Papá me dijo que solo perdería 6 Domingos. (Yo creo que de ahí me viene lo jodido pues siempre me chingan con la Lana).

## *) _Ahora si no te vuelvo a sacar...Qué pena &%#=#%$._

Nuevamente se me volvió a juzgar muy dura-mente en una broma infantil, cuando mi Mamá me llevó a Misa al Carmen, pues vivíamos a media cuadra y aprovechando mi pequeñez (de entonces), conseguí una cajita de broches o seguros, y ocupando el tiempo de la misa que no entendía, me ocupé en unir las faldas que pude entre las fieles damas, que entonces, por ese gran pudor, todas ellas....las faldas y no ellas ....eran largas y muy feas...El desmadre que se organizó al momento de ir a comulgar fue grandioso... pero no comparable al duro juicio familiar al que fui sometido o considérenlo en términos más claros como, la cagada que me dieron y el castigo, que acumulado a todos los anteriores, me ponían solo comparable a la sanción en tiempo y dureza, que merecía Hitler.

### *) No respetas NI A LA FAMILIA....Por eso nadie te quiere.

A una entrañable y querida prima la convencimos de dos aspectos maravillosos que cambiarían su vida, en una vacaciones que pasó en mi casa; uno de ellos era que viera de cerca la fuerza de reacción de la pólvora y la otra, la sensación de volar como Mary Popins . El primer ensayo la dejó sin cejas por el resto de su vida y de las pestañas, ya ni platicamos y al arrojarse desde la azotea (Gracias a Dios era de un solo piso, sino, me cai que si se mata) con un paraguas que le preste, este se abrió pero para arriba, lo que resultó que se dio una clase de Madrazo, que la internaron dos día. Los niños de entonces éramos inmortales y años más tarde me lo explicó el Rector de la Universidad, al que recuerdo con cariño, y me dijo que el diablo nos protegía entonces para que se nos fueran acumulando nuestras pendejadas y que valiera la pena llevarnos en su momento. (Si estamos convencidos de que el diablo es ojete.... ojetísimo)

**Mis Tíos, nunca me volvieron a dirigir la palabra......Mi Mamá solo un mes.**

### *) Ese es el ejemplo que le das a tus hermanos,

Cursando el primerio de primaria, que desde luego, no eran los castillos de protección a "los pinches niños" actuales, porque insisto "nos querían", pero yo creo que muy lejos y nos daban una gran oportunidad de crecer solos con nuestras habilidades, (esta es una jalada que actualmente está de moda)

Entonces, con ese escenario de libertad, en primero de primaria, me permití darle una chica madriza regular a un actual personaje, con quien me he disculpado muchas veces, pero me fue peor a mí, porque me encerraron las maestras en la bodega del colegio, donde había ratas y después de dos horas pasaron por mí mis Papas y durante seis meses no me dieron "domingo" hasta que le pagué sus lentes, que por el costo al que cobraron los Papas de este ojete, yo creo que se los trajeron de Francia.

La señorita, que entonces así les decíamos a las actuales Mises, que por cierto tenía dos niños y yo me preguntaba ¿Por qué señorita? No lo entendía entonces, ahora sí . Y con una cara de satisfacción y el placer que da la venganza les sugirió a mis Papás que en otro kínder, encontraría mi verdadera personalidad.

En este entorno tan complicado de castigos y sanciones, reducción del apoyo económico dominical, horarios forzosos de estudio, negación a que fueran amigos a la casa e innumerables planes draconianos de someterme, mi Mamá encontró en una trabajadora de la casa (Tere), una aliada incondicional que no perdía ni uno de mis movimientos y me seguía como los indios yaquis a los venados, sin tregua ni cansancio, con un reporte diario que siempre empezaba con la misma sentencia, que lograba impresionar fuertemente a mi progenitora, pues iniciaba diciendo:

"Lo que pasa señora es que Mario es bien **...hipócrito**...pero a mí no me engaña, lo tengo bien visto.

Con esa lealtad, de corte nazista, se organizó un plan, que en ningún momento se consideró, que yo, solo era un niño.

Mi Mamá opto por pagarle a su cómplice y auxiliar doméstico y con lo que se ahorraba de mis "domingos", un curso privado de asistente de contabilidad para llevar un control de todas las sanciones, que siempre se encimaban y que no quedara nada sin la sanción educativa y guiadora a mi futuro.

En su primer informe de labores mensual, propuso y sugirió que para no seguir batallando se me aplicara un solo castigo total "vitalicio".

### *) Me vas a matar de un coraje....Ahí te lo haya.

Cuando entré a tercero de primaria con los Maristas, que era el mínimo grado, me encontré con el agravio grandísimo que solo éramos tres los de menor estatura en el colegio y que los miércoles teníamos deportes de todo el alumnado en columna por estatura....Todo quedaba al final entre JP, mi amigo, la "caca", que así le decían al otro niño y yo... Teníamos entonces que resolver este penoso asunto antes de la formación por lo que nos veíamos 10 minutos antes de la entrada y nos dábamos en la madre (lo que hoy mamonamente los neo destructores le llaman el "bulling", sin saber el daño que les han hecho). Si la Caca me ganaba, yo iba en penúltimo lugar y JP en último, si yo le ganaba a la Caca, el iba en último, JP en penúltimo y desde luego yo después.....Como mis condiciones de apariencia físicas eran variables los miércoles así me recibían en mi casa......Por ejemplo..."otra vez"............pero no entiendes.

No puedo más que recordar mi niñez, como algo inolvidable, no éramos los dictadores ni los centros de atención totales. Éramos niños que nos querían, pero no nos pelaban, eran otros tiempos, lo reconozco.

# Los lentes más caros del mundo

Entonces, nuestros horarios de escuela eran en dos turnos, es decir, nos mandaban al carajo antes de las 7:30 AM porque entrabamos al Colegio a las 8:00. Pero la crueldad no acababa ahí, abrían las celdas o aulas a las 13:00 hrs y después de irnos hechos la Chingada a comer, porque regresábamos a las 15:00 horas al segundo turno, que usaban para "seguirnos educando", nos regresaban en verdadero estado de gracia a las 17:00 hrs.

Me "cai" de Madre, que si los Maristas, les hubieran propuesto a nuestros Padres mayor educación; se hubiera instalado el tercer turno, donde solo regresaríamos a nuestras casa a cenar, a que nos pusieran nuestra pinche pijama y nos llevaran a bañar y desayunar a las 6:00 AM, para llegar a tiempo al nuevo ciclo.

No recuerdo después del Kínder. Que nadie me llevara a la escuela y desde luego que lo aprecio, pues me dieron una bicicleta "gallo" que a Jaime mi hermano se la habían dejado lo Reyes, varios (+) años antes. A partir de ese momento fui libre.**....**
**POR SIEMPRE.**

El grupo de amigos de bicicleta, era enorme, hasta la fecha este grupo de viejos de Querétaro, nos queremos y nos acordamos. Por ejemplo de los sábados en los que a todos nos levantaban temprano y aún cuando argumentábamos que no había clases, nos decían que, tenían trabajo en la casa y solo estorbábamos.....Nos juntábamos con nuestras bicicletas en la Alameda y éramos dueños de Querétaro.

## *RECUERDOS ESTUDIANTILES*

Después de años de gran educación Marista y aunque no lo crean por mis antecedentes infantiles, estando en sexto de primaria, murió mi generador de todo...MI PADRE....Todavía lo extraño porque ni lo conocí lo suficiente, ni disfrute el tiempo que yo hubiera querido compartir con él y seguramente, el con sus nietos y solo me queda el enorme orgullo de que, quien lo conoció lo respeta y reconoce como DON FAUSTO.....a él, mi veneración

Cursar el primero de secundaria, ya huérfano, hizo que me valiera Madre todo, asignaturas, Maestros, actividades deportivas, es decir todo, lo que orilló al Director a informarme que si seguía así, iba a reprobar hasta en recreo y no se diga matemáticas, geografía, el resto y lo que era peor hasta en Catecismo, lo que considerando, lo piadosas y temerosas de Dios que eran las señoras de entonces, me dio a entender que

**"No me la iba a acabar"**

Después de meditar en esa ojete amenaza y planear algo que me sacara del problema y que no me sacaran los ojos en mi casa, decidí que lo más atinado era anunciarle al Director, que mis resultados se debían a mi intranquilidad espiritual, pues yo tenía una enorme inclinación por "abrazar" la carrera de Maestro Marista, convirtiéndome en Hermano. Los resultados se dejaron ver de inmediato, pues era yo invitado a comer, a paseos, a eventos y logré pasar (muy a huevo y arañando puros seises) ese fatídico año.

En la fecha anunciada por los Maestros, que pasarían por mí, para entrar al Internado, fecha que por mi parte fue guardada en secrecía peor que documento de la CIA, hablaron con mi Mamá dándole la "buena" nueva. En cuanto fue debidamente informada me empezó a buscar por toda la casa y luego con voz un poco Alta, lo que ya no me permitió seguirme haciendo pendejo en la azotea.

La mirada que me lanzó el director cuando le informé que ya lo había pensado bien y no tenía vocación real, me dejo entrever con toda claridad que encerraba dos realidades; una de ellas que silenciosamente me estaba mentando la Madre y que si seguía cursando segundo de secundaria con ellos, no iba a pasar ninguna materia aunque me hicieran las tareas Einstein y científicos de la NASA. Opté por irme a la Universidad y ahí empezó el **desmadre.**

## Sección 2

~

# (Ya Quedamos Que No Son Capitulos)

*) *Nomás fíjate como escoges a tus amigos.*

Y sí seguí su consejo, me hice amigo de todos, buenos y malos, estudiosos y huevones, borrachos y borrachos, esto, es porque no había de otros y orgullosamente declaramos nuestra generación como muy húmeda y no como las actuales (no todos) que se meten hasta la escoba.

Fiel cumplidor de mis deberes cívicos, estaba en la edad de hacer mi servicio militar y tenía dos opciones; una de ellas levantarme al amanecer los Domingos, ir a la zona militar y a marchar hecho un pendejo al rayo del sol hasta las 3 PM y era con toda la perrada o sea que olía como a Misa de dos en San Francisco (esta opción me caía por media madre) la otra opción y desde luego más atractiva y civilizada, era entrar a formar parte del Pentatlón Deportivo Militarizado Universitario, para lo cual me entrevisté con el Comandante Supremo Salvador Septién (no chingaderas y entrañable amigo), al cual le informé que ponía a su disposición un automóvil (el de mi Mamá por supuesto, sino cual) para cerrar la columna de todos los huevones universitarios que iban al frente, donde se transpor- taría él y el Capitán designado de la Zona. Bendito sea Dios que le gusto mi inteligente propuesta con lo que automáticamente, me confería el honorable y distinguido cargo como sub-teniente de las fuerzas motorizadas del Pentatlón. Casi Comandante en Jefe de las fuerzas motorizadas.

En las prácticas semanarias, permanecía yo en el vehículo y a la sombra, al puritito pendiente de lo que se le ofreciera a mi querido Comandante. No era fácil y menos cuando llegábamos a la zona y me entregaban la lista de los arrestados, que en su inmensa mayoría me sacaban 35 cm. de altura, para dar cumplimiento a la orden. Mis orientaciones y consejos no servían para nada. Todos se encabronaban.

En los desfiles nos prestaban un Jeep militar que yo manejaba como oficial de las fuerzas motorizadas y me prestaban también una pistola .45 que parecía, al fajármela, que traía muleta.. Época inolvidable.

## *) Cada día te veo menos..Esto no es Hotel

Como seguramente, ya se comprendió a lo largo de esta sincera confesión que les he venido narrando, nuestra JODIDEZ alcanzaba la plenitud total, lo que nos obligaba a usar lo único, donde nos habían educado a la perfección, y era todo el ingenio y todos nuestros recursos, no económicos desde luego, para poder generar la fortuna que necesitábamos para tomar un par de cervezas o cubas en días de abundancia, en el Bar del Rinconcito, donde hubiera sido la realización total, pasar ahí más horas que en las aulas, pero nunca lo logramos (favor de referirse al concepto antes mencionado DE LA ETERNA JODIDÉZ). La botana de Chava, nunca nadie la ha igualado, que era muy limitada y era en función de que nuestros recursos eran más limitados todavía.

Los alumnos de nuevo ingreso a la Universidad, fueron ejemplo de colaboración con nuestro grupo. Pero esto solo duraba 2 ó 3 meses, pues adquirían confianza.

Recuerdo con gran nostalgia, que teníamos un amigo genial, que era desde luego, universalmente conocido como "El Loco R." del cual guardo la secrecía de su apellido para no empañar su gran prestigio. Dedicó un par de meses en forma totalmente secreta pero entregado a su proyecto con la decisión, coraje y valor que solo un héroe posee. Arregló la parte interna de un árbol en el Jardín Guerrero, respetando el follaje externo para no ser descubiertos.

Ahí, ya obscureciendo nos invitaba a subir y sentarnos en los ya cómodos brazos del árbol, donde contaba con una modesta botella, hielos, refrescos y vasos para todos. La botana la poníamos nosotros.

Esta oculta y agraciada posición, nos permitió conocer de muchos romances y traiciones, tomando en cuenta que era el jardín de los noviazgos con muy poca iluminación, ya fuera por causas naturales o inducidas. Fue una temporada donde las luminarias no eran de buena calidad, pues no duraban.

**\*) No respetar a una Madre...Dios no lo perdona Nunca.**

Ya mencioné que en esa época, todos nos conocíamos hasta de mañas y resulta que una acaudalada familia, muy amiga de mi Mamá, organizó una fiesta baile para atender a unas sobrinas que venían del DF y que eran más acaudaladas que la chingada.

La dueña de la casa, mi amiga, me llevó a presentar a su prima y para que bailara con ella. La magnitud de su "mamonería" no tenía límites y junto a mi mesa, donde estaban mis amigos y amigas, empezó con su sencilla y amena charla a interrogarme: ¿Dónde vas a ir de vacaciones este verano? A mi ya me chocaron los Alpes Suizos, creo que voy a ír a Paris ¿Y tu?.

Vieja Pendeja, a los niños "normales" de esa época nadie nos llevaba de vacaciones, simplemente no nos pelaban y con el tono más modesto que pude emitir y voz muy suave que cualquier monje Budista hubiera envidiado, le informé: Mira,.. mi Mamá es costurera de tu Tía y le hace algunos mandados ocasionales y tu primo mayor me hizo favor de prestarme este trajecito para poder venir a la fiesta en tu honor y no podemos salir de vacaciones.

Pinche vieja, me dejó en medio de la pista sin decirme nada, creo que fue al baño a lavarse las manos con alcohol y no fue para llevarme a mi mesa. Una de mis amigas muy queridas en la mesa oyó todo y se hizo pipi de la risa.

Ahora cabrón, ahí viene lo bueno: a la mañana siguiente, bueno, casi al mediodía, sentí en los pies de mi cama la presencia de Doña Mela o sea mi Mamá con un estado de ánimo y carácter, simplemente de la chingada, informándome que ya le había hablado su amiga, que era yo muy simpático y que había sido muy comentada mi broma y que la única que me mentaba la Madre era la sobrina (estoy seguro que también mi Mamá, solo en la parte que me corresponde).

El modesto hijo de la costurera, después de recibir una cagada más que regular, quedo debidamente apercibido de esas burlas a una Madre, es lo que Dios tiene como más penado. Yo no sé qué fuente o de donde pudo llegar a su poder el tabulador celestial para poder establecer no solamente la gravedad sino también la pena aproximada que llevaba cada acción. Yo creo que era el Director de los Maristas porque me rajé de mi apostolado.

*\*) **Dios quiera y vayas madurando..ya eres maestro***

Con respecto a la gravedad de solo pensar en un castigo eterno, me tranquilizó enormemente, que por estas fechas, fui invitado a dar clases de algebra en un internado de monjitas, en donde al pasar quincenalmente por mi cheque, este nunca llegó completo pero en el sobre siempre acompañaban el faltante con una estampita religiosa que al reverso señalaba las importantes cantidades de oraciones, misas, jaculatorias, etc. Que habían ofrecido por mí. Son tantas, que pienso ya se niveló mi balance.

No pasó con la tranquilidad que ustedes imaginan, independientemente de mi vocación académica, pues con lo económico, ya ni hablar. Donde con solo acordarme me llenó de pena (no de vergüenza) .

Camino a la escuela, donde orgullosamente, les transmitía mis conocimientos y experiencias, fui artera y ojetemente perseguido por un pinche perro de tamaño de un pony, que me obligó a subirme a la reja de la ventana donde estaba mi salón y mis alumnas, ellas me aplaudían y la pinche monja me amenazaba, peor que la bestia que quería acabar conmigo.

Decidí como mi mejor alternativa, lanzarle mi block de notas, para espantarlo y que se fuera, no funcionó y opté, por también aventarle mis libros de texto, esto no solo lo amedrentó, sino que también se los comió y despedazó, lo que le dio un sopor que dormitaba y cada vez que yo trataba de bajar, ladraba como enajenado y loco.

Qué bueno que llegó la Madre superiora, le dio dos patadas al perro, le mentó la madre y a mí, me indicó que mis servicios académicos deja-ban de tener la fuerza de líder que tenía y por lo tanto me daban las gracias.

Yo creo que se perdieron de un guía espiritual y académico del futuro que las transportaría a otros planos. En fin, me mandaron a la chingada, pero con ramilletes espirituales.

*\*) Piensa como quieres que te traten y así........ actúa.*

Ya hemos comentado, que en la bellísima y querida Ciudad de Querétaro, para el grupo estudiantil, la miseria y jodidéz era no solo el común denominador sino que era lo único que persistía permanentemente. No había de otra, por lo que nuestros ratos de ocio, que no eran pocos tratábamos de repartirlos, entre las aulas, que eran los menos, el jardín huevoneando, que eran los más y cuando por cualquier razón caía algo de dinero, que nos levantara nuestra auto estima, procedíamos a decidir en grupo, cual sería el mejor destino financiero para esos fondos. Realmente no teníamos muchas alternativas dado que el monto nunca fue significativo.

Solo nos quedaba, entrar al Rinconcito Bar a tomarnos dos cervezas y la mayor cantidad de botana que Chava el Dueño nos quisiera dar, eso siempre estuvo de acuerdo al humor en que estuviera y la otra más económica nos resultaba meternos al cine, al cual algunas veces sí íbamos a ver la película y otras, solo a ver qué fregadera hacíamos dentro de la sala.

Tengo dos ocasiones muy grabadas; una de ellas fue que el Cine Plaza circulaba por nuestros pies, un méndigo gato flaco que yo creo lo tenían como un medio sanitario de control de plagas, es decir, para que se tragara a los ratones y que el público ya no lo impresionaba, por lo que circulaba con toda tranquilidad. Estando la película bastante aburrida, creó en mi amigo "El Ratón" una intranquilidad muy peligrosa, porque era cuando se le ocurrían las peores pendejadas; por lo que optó por agarrar al gato de la cola, darle tres vueltas y lanzarlo al vacío....dos o tres segundos después ....escuche el peor grito de terror femenino que se hubiera oído, no en Querétaro sino en el País. Según se supo después, porque desde luego nos salimos hechos la fregada, a esta dama la tuvieron que acompañar en la salida un Sacerdote que le iba rezando para que se calmara y un bombero que la abrazaba con la manguera para controlarla. Duró como un mes en una institución de reposo y al Ratón, le valió madre.

La otra ocasión, recuerdo que sí fue preparada nuestra participación en lo que consideramos pudiera servir como un simulacro ordenado de evacuación del cine, que siempre es recomendable efectuarlos pues a futuro pueden salvar vidas.

Para llevar a cabo nuestra altruista labor, detallada anteriormente, nos agenciamos (no robados) de cuatro recipientes del laboratorio de la Universidad (¿con qué querían que los compráramos) y les pusimos lo que se llaman piritas de hierro, que no es más que limaduras o rebaba de fierro que unidos con ácido sulfúrico, que empiezan a despedir vapores que por decirlo decentemente, huelen a huevo podrido y dicho en forma más clara parece que todos los espectadores del cine se están cagando al mismo tiempo, pero de diarrea infecciosa y pestilente.

El simulacro fue un éxito pues se vació el Cine en una forma muy ordenada en menos de cinco minutos. El Gerente puso una carta abierta en el periódico, en la que se le notaba molesto y con amenazas de cárcel a los involucrados en esa vil acción. Yo creo que nunca entendió el propósito práctico de la utilidad del simulacro.

*\*) De nada han servido mis consejos.....con tu pan te lo comas*

En nuestra educación, ya profesional, no había en Querétaro, ningún grupo u organización que no nos conociera, así de pequeña y bella era esta Ciudad. En un día como muchos, quedamos de pasar al medio día por un gran amigo, que entonces tenía que chingarse como agente del Ministerio Público, para poder comer y terminar sus estudios, pues ya era pasante y para propósitos prácticos y para nosotros, "como chingaos no", era el Sr. Licenciado. En cuanto pasamos por él, dentro de su oficina, me dijo el ojete, que iba al baño y lo esperara sentado en su escritorio. ¿Quién no le hace caso a un amigo importante como el Agente del MP?

Y ahí quedo el Pendejo suscrito, o sea yo, hasta que entraron dos campesinos, desde luego mandados por el cabrón de mi amigo, y uno de ellos traía cocido a madrazos al otro, (el corrector gramatical de la computadora me indica que use el término "maderazos", pero creo que este es más preciso) el cual ya tenía hocico y nariz como carne lista para hamburguesas o albóndigas. Le pedí que parara la madriza y el me contesto..."Es lo que yo quiero, porque es mi compadre y si lo quiero, pero lo traigo para que como a mí hace un año, le echen la electricidad en los huevos y me pague"...

Conseguí la promesa de pago, sin necesidad de despilfarrar la energía eléctrica, lo que me llena de satisfacción poder haber impartido justicia.

**\*) *Cada que sales, me quedo con un pendiente..No sé ni qué haces.***

Los viajes que hacíamos, eran verdaderamente ""otro pedo"". Recuerdo muchos pero solo puedo platicar de algunos.

Tengo un recuerdo lleno de cariño y nostalgia por mi" Sagrado Compadre" que se nos adelantó hace muchos años y todavía lo extraño y sí ..Era genial. En una jugada de póker, para lo cual era muy bueno y asiduo, se hizo de pocos pesos y me invitó a pedir la mano de una novia que tenía en Tijuana en representación de sus Papás, que ya tenían avanzada edad y como me explicó que cuando los Jefes están grandes, pues es Compadre es el que se chinga en estos trámites. Queriendo convencerlo de la pendejada que me estaba pidiendo, le argumenté que lo que había ganado, no nos alcanzaba más que para llegar a Guadalajara, pero en un piche camión de tercera y con 17 escalas, lo que nos llevaría casi 24 horas. Con esa lógica natural y brillante, me recordó que en ese tiempo, yo era Presidente de la Federación Estudiantil y el mi Secretario y que se nos podía abrir otras puertas. Después de una planeación meticulosa y repasada varias veces, fuimos a ver al Gobernador, otra persona de afectuosos recuerdos que siempre nos apoyó, para informarle que estábamos invitados a una convivencia estudiantil en Tijuana y que si nos podía ayudar pues no teníamos recursos. Esto no es del todo mentira pues íbamos a convivir mi compadre y yo que éramos estudiantes y del dinero....para que le seguimos.

Sí nos ayudó y nuestra proyección económica (ahora se dice corrida financiera) nos alcanzaba para irnos en camión de primera y estar en un modesto hotel por cinco días. De todos modos jodidos. Tuvimos que cambiar por descomposturas del camión tres veces de vehículo, para que se den una idea de cómo estaba en transporte público en esos años. Por eso dije desde un principio que era una real pendejada ir a Tijuana.

Dios nos ayudó (a lo mejor por mis jaculatorias), pedí la mano de la novia, se la dieron toda, pero le dijeron que era para después de la ceremonia religiosa. Se ganó tanto el cariño de los presuntos suegros, que nos pagaron hotel y alimentos por cinco semanas. Lo que nos permitía a mi sagrado compadre y a mí, como padrino, darnos una vuelta por toda la Avenida Revolución, empezando por el Blue Fox, casi todas las noches.

Otro viaje para recordarse, fue cuando nos fuimos cuatro amigos de corte conservador, buenas costumbre y educación a las Fiestas de Janitzio en Michoacán, desde luego con la holgura económica que siempre nos acompañaba. Éramos mi compadre, Chucho (este sí real amenaza), Pepe y yo.

Ya en la celebración en grande, Chucho para conseguir fondos le dijo al Padre en el atrio, donde se presentaban los espectáculos, que él era pariente de Luis Aguilar, El Gallo giro (porque pretendía a una sobrina) y yo pariente de Jorge Negrete (por la misma razón) y que podía el cantar si le autorizaba a pedir una ayuda económica al pueblo a lo que el Sacerdote accedió. Y empezó el desmadre, pues nunca ningún compositor fue tan ofendido y humillado como José Alfredo Jiménez al interpretar Chucho con micrófono y mariachi su popular canción "Renunciación". Esto orilló al Padre a que paró el sonido, le recomendó que saliera de Janitzio,, pues el Pueblo se dio por ofendido y engañado. Salimos hechos Madre de ahí y el poco dinero que se juntó, lo jugamos después en unas carreras parejeras a la orilla de la carretera lo que nos permitió pagar la gasolina de regreso.

De viajes, repito, podría mencionar muchos, pues como en esos tiempos no existía ni la delincuencia organizada ni los secuestros (y aunque los hubiera habido a nosotros y a nuestras familias, solo nos hubieran sacado un pedo enorme, es decir, un gran susto), los automovilistas que circulaban por las carreteras, no resistían la tentación de llevar a un grupo de dos o tres apuestos y distinguidos estudiantes, que solo buscaban el descanso a sus responsabilidades a acercarlos a sus destinos. Así conocimos Monterrey, Tampico, Acapulco, desde luego y varias veces, el D.F. también cada que algún familiar de alguien nos daba hospedaje, mis Tios que vivían allá, ellos no, porque recuerden a mi prima que se quemó con pólvora y se cayó de la azotea. En fin que conocimos muchos lugares como Veracruz y Oaxaca o Puebla y Guadalajara y todo porque sabíamos administrar nuestro tiempo y nuestras responsabilidades académicas.

Recuerdo con cariño un viaje a Acapulco en el que fuimos un grupo de cinco, es decir en dos contingentes. Como esto lo decidimos en la noche, ya avanzada, decidimos vernos en cierto lugar y que tratáramos de juntar la mayor cantidad de dinero para nuestros sagrados alimentos, ya que el transporte, como ya lo comentamos era de promoción y no costaba y por lo que respecta al hospedaje, el gratuito Hotel Cama-Arena nos ofrecía generosamente su cálida arena. Para qué comento que todo lo que juntamos no alcanzaba para que comiéramos regular un día todo el grupo, pero quedamos muy gratamente sorprendidos que un amigo apodado El León y que no había aportado nada, se nos perdió y apareció en dos días con un par de radio grabadoras, que nos juró que se las habían regalado (yo le ofrecí de mis jaculatorias, las que necesitara), las vendió y comimos dos días en los puestos del mercado

Usando el mismo sistema de transporte y hospedaje y con la experiencia que ya como grupo habíamos adquirido, a un amigo le facilitaron una bodega de café en Aguascalientes en donde solo encontramos garbanzo, pero agradecimos el gesto y nos hicimos presentes en la famosa Feria de San Marcos, la que engalanamos. El poco dinero que llevábamos lo pagamos como multa porque cenando unos tacos callejeros, llegó un grupo de jóvenes a lo mismo y uno de ellos le pidió a su compañero para comer "tres tacos de caca" y donde uno de los pendejos y metiche que iba con nosotros, le pidió al taquero que no le pusiera cebolla porque le iba a apestar el hocico. Eso fue suficiente para que empezaran las mentadas de Madre y los empujones y por supuesto de inmediato se presentó la policía, que cargó con nosotros y con los que comen tacos de caca. A todos nos cobraron una multa que mermó totalmente nuestro capital, afortunadamente solo nos quedaba un día más en la Feria. Para la última cena de nuestro viaje, a un compañero que si era atleta y campeón estatal de 200 metros libres, se ofreció a arriesgarse, basado en su velocidad a que hiciéramos una cena "corrida" en un restaurante de jotos que se ponen en todas las ferias. Así las cosas, los cinco cenamos, salimos poco a poco argumentado que íbamos al baño o que nuestro amigo iba a pagar. Los cuatro hampones lo esperamos en la esquina y escondidos por si lo alcanzaban, siquiera repartir los madrazos de los jotitos o putos. No habían pasado diez minutos cuando lo vimos pasar hecho la chingada a lo que los industriales de la gastronomía, desistieron en su empeño de seguirlo. Al día siguiente hicimos nuestra gloriosa vuelta a seguir disfrutando de nuestra Ciudad.

No fue el único viaje que tuvimos que emplear fondos para congraciarnos con los cuerpos policiacos. En la Ciudad de León, Gto, a la que fuimos desde el día anterior a presenciar una corrida del inolvidable Paco Camino, nos hospedamos, ahí si en un hotel, de dos estrellas, pero hotel dado que nuestra economía iba mejorando lentamente pero nos permitió salir en la noche a cenar y a tomar unos copetines cerca de nuestros aposentos para dejar guardado el carro (de mi Mamá nuevamente) en la cochera del hotel. Se nos hizo un poco tarde y nuestra euforia taurina hizo que al llegar al cuarto, donde dormíamos los cinco para ahorrar, alguien empezó el desmadre y no solamente nos agarramos a almohadazos sino que se rompieron las lunas de los roperos y volaban plumas por toda la habitación. Nos fue a tocar el gerente-dueño para que se acabara el desmadre y no solamente no se le hizo caso a su petición, sino que el mismo cabrón que por su culpa nos llevaron en Aguascalientes, metió al dueño al cuarto y le dieron una buena almohadiza, Salió mentando madres y en quince minutos llegó la policía que nos llevó a pagar la multa. Ahí pagamos y redujeron el monto ante mi argumento que solo éramos turistas que veníamos a la corrida del día siguiente. Ya saldada la multa, el hampón de mi amigo le preguntó al agente del MP, que como cuanto le cobraría de otra multa por romperle la Madre al policía que lo había macaneado. Casi lo vuelven, ahora sí a guardar. Otro problemón se nos presentó para convencer al dueño del Hotel de dejarnos sacar en carro de mi Mamá, pero lo logramos.

En las postrimerías de mi vida de estudiante, con el apoyo de desprestigio familiar con mi hermano Fausto, quién rentaba por horas la peluca de mi abuela en las noches y para fiestas de disfraces. Y ella, quien con el fervor y ejemplo de santidad viviente se programaba para ir a misa de 6.30 Am, (no me equivoque cabrones a las seis y media de la no tiene madre de la mañana), le hizo la ojetada de adelantarle el reloj despertador a las 3;30 am, por lo que yo al regresar de un húmedo convivio a las 4:00 de la mañana rumbo a mi casa, me encontré con esa santificada presencia de mi abuela, a quién pregunté, que chindados hacia ahí y sobre todo, a esas horas, me respondió con esa santidad y calidez "Hijo, yo creo que el señor cura se enfermó porque no ha abierto la iglesia". De inmediato comprendí la canallada a la que fue sometida. Alguna gente que nos vió, a esas horas de la madrugada y del brazo, decían, ¿adonde llevará ese apuesto, distinguido y galante joven a esa dulce viejecita?..... Pues a nuestra casa....cabrones.

Como en la siguiente sección, empiezo con una decisión "muy cañona", que ya verán, quiero participarles una recopilación de principios básicos de educación a los hijos, que las Madres se han venido pasando por generaciones a sus hijas y estas a las de ellas, con decirles que esta especie de Secta, por lo cerrado y exclusivo de sus miembros, se calcula tomó fuerza desde el tiempo de Santa Inquisición, (Que yo estoy seguro que le antecedían la palabra Santa por la santa chinga que les ponían a los que agarraban). O sea que han logrado esta guía de educación a través de siglos.

Una muy digna sucesora de esta secta, es mi hermana Paloma, quien creo que hasta superó a mi Madre y eso, créanme, está cabron y si no, pregúntenles a sus abnegados hijos. Yo creo que es presidente de esa secta, porque la informan de todo lo que sucede en Querétaro; en los funerales se entera antes que los familiares del fallecimiento y esto la ha hecho llegar a la funeraria, mucho antes que el muerto y no solo eso sino que asistió al velorio de un viejito que no conocía y al darse cuenta de que no conocía a nadie, comprendió su error y empezó a llorar, pero de risa, tanto que los deudos la consolaban a ella argumentando la muy avanzada edad del muerto. Pero eso sí, agradeciéndole que lo hubiera querido tanto y tal vez mas que su familia, pues siempre fue muy borracho y desobligado. Todas y cada una de las sentencias, las sabe de memoria, sino es que algunas de ellas, las inventó ella.

TODO LO QUE YO APRENDI, ME LO ENSEÑO MI MADRE CON ESTOS PRINCIPIOS: (Que son como los mandamientos de esta Secta y ya dijimos, se pasan de generación en generación)

ME ENSEÑÓ......

**) A apreciar un trabajo bien hecho....

SI SE VAN A MATAR, HAGANLO AFUERA PORQUE ACABO DE LIMPIAR

**) También Religión.....

MEJOR REZA PARA QUE ESTA PINCHE MAN-CHA SALGA DE LA ALFOMBRA

**) Lógica pura.....

¡PORQUE YO LO DIGO!..POR ESO Y PUNTO

**) A predecir el futuro.....

DONDE TE SAQUES UN PINCHE 5 OTRA VÉZ, VERÁS LO QUE TE PASA HOLGAZAN

**) A aplicar la ironía.....

SIGUE LLORANDO Y TE VOY A DAR UNA RAZÓN PARA QUE LLORES DE A DEVERAS

\*\*) A ser ahorrativo.....

GUARDA TUS LAGRIMAS PARA CUANDO ME MUERA

\*\*) Lo que significa Osmosis.....
CIERRA LA BOCA Y COME

\*\*) A ser cirquero y contorsionista.....

MIRA LA PINCHE MUGRE QUE TIENES EN LA NUCA

\*\*) A tener fuerza y voluntad.....

NO TE LEVANTAS HASTA QUE TE TRAGUES TODO

\*\*) A conocer la Meteorología.....

PARECE QUE UN PINCHE TSUNAMI PASO POR TU CUARTO

\*\*) A respetar el ciclo de la vida.....

TE TRAJE A ESTE MUN DO Y TE PUEDO SACAR DE ÉL, ANIMAL

**) A no tener envidia.....

HAY MILLONES DE NIÑOS QUE QUISIERAN UNA MADRE TAN MARAVILLOSA COMO LA TUYA

**) A ser ventrílocuo.....

NO ME REZONGUES, CALLATE Y CONTESTAME PORQUE LO HICISTE

**) A conocer la Ortodoncia.....

ME VUELVES A CONTESTAR Y TE TIRO LOS DIENTES

**) A conocer la rectitud.....

YO SI TE ENDEREZO DE UN MADRAZO.

La lista es prácticamente interminable por lo que, las nuevas generaciones tendrán que irla aprendiendo de la vida, porque tengan la seguridad de que esta Secta secreta y perversa de educación seguirá hasta el fin del mundo, si no es que también lo negocian las Madres y entonces sería por toda la eternidad....... (Que chinga, nomás imagínense)

## Sección 3

# (Ya Es La Ultima, Aguantense)

Pues nomas les platico:

# QUE ME CASÉ.

Inicié entonces una nueva vida, llena de emociones y responsabilidades y las dos, no me daban más que preocupaciones. Pero como hombre ejemplar, (si soy yo.......no lo dudes), me enfrenté a un nuevo reto.

En cuanto nacieron mis hijos y empezaron a caminar y hablar, un día, con terror auténtico, comprendí que mi muy querida señora Lolita......... TAMBIEN PERTENECIA A ESA SECTA, y conocía perfectamente toda la organización y procedimientos. En una ocasión, siendo muy pequeño mi hijo Mario me lo encontré en la puerta de la casa, sentado en la banqueta y me instruyó...Ni entres compadre porque ahí adentro, la cosa está que arde. Opté por sentarme con él en la banqueta y agradecí su buen juicio. Y su queja era que no lo dejaba jugar hasta no terminar la tarea y muy enojado le decía Es que Mamá, lo primero que te digo y lo segundo que haces (Otra frase para la posteridad).

A mis adoradas cuatitas Mariloli y Maricarmen en cuanto cumplieron tres años, las levantaba en la madrugada para irles enseñando la esencia de la secta y para que cuando tuvieran hijos, fueran también educados en el principio de:

## **HAY UN DIOS QUE TODO LO VE**

Que fue con lo que empezamos este anecdotario. Y tal como se usaba en toda familia de principios a las niñas las inscribían en clases de catecismo, ballet, piano, inglés, natación, tenis, lenguas muertas especialmente Sánscrito, danzas modernas y folclóricas y en sus ratos libres, su Mamá les asignaba quehaceres domésticos y lo que les quedaba del día aprovechaban para dormir. Son un encanto con unos hijos preciosos

A mis dos también adorados hijos: Mario y Diego, eran como la rabia de guerrosos por lo que les puse el sobre nombre de Satanás y Lucifer, pero eran tan dóciles y así respondían...mande papa, cuando los llamaba por esos nombres.

Diego en especial, fue desde pequeño muy independiente y molón, como dicen todas las Mamás por lo que cuando, salíamos de casa, sus hermanos los tres lo colgaban del cinturón de una perilla de las chapas de alguna puerta. Esto, desde luego con la complacencia de la muchacha del servicio, que también descansaba un rato.

Los cuatro son ahora nuestro mayor orgullo junto con nuestros nietos y esto sí en serio le damos gracias a Dios por tener esta familia que con la dirección y cuidado de su Madre, se logró en forma ejemplar. El mérito grande es de Lolita.

## AHORA SI A CHINGARLE EN SERIO

Después de mi examen profesional, inicié mi trabajo en firme y en serio en una compañía líder y la que realmente me formó en todos sentidos.... mi cariño permanente a Ralston Purina Co.

Ahí recibí el privilegio de trabajar, para y con un hombre que por su única personalidad, me enseñó, entre otras muchas cosas que la sencillez y el cariño a las cosas nos da siempre felicidad.... Don Pedro...mi cariño.

Me platicó, entre muchas cosas, algo que quiero compartir con quien lea estas anécdotas y que pinta su personalidad.

Mire "Pinche chaparro" porque siempre me dijo así de cariño:

Yo de muy niño trabajé en Cananea, Sonora, en la cárcel tan famosa, que tiene hasta corrido : estábamos tan jodidos que la cárcel no tenía ni para rejas, por lo que se acordó poner un letrero en el arco de salida y que decía..

"CHINGUE A SU MADRE EL QUE SE SALGA"

Y todo el cuerpo policiaco estaba compuesto del Jefe, el Sub Jefe, el secretario y el niño Pedro para lo que se ofreciera. El recibió la noticia de que el Jefe y el Sub, estaban pedísimos en la única cantina del pueblo, por lo que el Comandante ordenó a Pedro traer al actuario o secretario para dar constancia de la falta de respeto del sub, por lo que se procedió a levantar la siguiente acta, que según me platicó mi querido Don Pedro, aún existe:

""En el pueblo de Cananea Sonora en fecha..................etc, etc...........................

Se establece que por acuerdo del jefe de policía y por los cargos de vocimeramentoso, argumentativo, falto de espíritu militar e hijo de la chingada, causa baja en este cuerpo, mi compadre..EL PATO

Reclámenle algo.

En esos inolvidables años con Purina, aún siendo ejecutivos, no dejábamos de echar desmadre, sobre todo en nuestras convenciones, donde el encargado de organizar las juntas y el orden, se lo conferían a un entrañable amigo que hipócritamente y a sus espaldas, aunque lo seguimos queriendo, nos referíamos a él cómo; "La pinche Madre Superiora".

Nos dejó anticipadamente "El Brujo" quien era Químico de los pioneros de esa gran empresa y su posición como superintendente lo llevaba a las convenciones nacionales, fueran de ventas o de producción. Lo seguimos extrañando. Pero era un inolvidable desmadre.

La pinche Madre Superiora, trataba por ser el organizador del congreso de no juntarnos en el mismo cuarto a mí y al brujo, tratando de conservar cierto control decente en el evento. Con este objetivo, en una convención en la bella y adorada Guadalajara (Soy Chiva...¿y Qué), nos asignó cuartos distintos en los que nos apuntó como compañeros a cada uno a los cabrones, más tristes y más serios que una orden de aprehensión con los que contaba nuestra empresa.

Esto indignó al Brujo, que llegó antes que yo y los amenazó en una forma tan contundente y dramática, diciendo el ojete..." No saben lo que están haciendo, a Mario, siempre me lo asignan porque soy el único que lo controla pues tiene ataques de locura verdaderamente agresiva. Este cabrón, los convenció y cuando llegué me informaron el número y de mi cuarto y sobre todo, mi compañero..El Brujo..En la Madre, fue mi primer pensamiento, pero siendo las cuatro y media de la mañana me informó el bell boy que no tenía mucho de haber llegado mi ilustre compañero de cuarto y que llegó bien pedo. Eso me entusiasmó a que sabiendo que su lencería de dormir solo constaba de una vieja camiseta y abajo dejaba mostrar solo sus miserias y carencias, empecé dando en la puerta de la habitación, al llegar ahí, unos golpes groseros y violentos exigiendo me abriera. El bell boy cargaba mi maleta y un porta trajes, que entonces se usaban. El brujo salió verdaderamente encabronado persiguiendo al maletero, lo que aproveché para pasar al cuarto y dejarlo en el pasillo. Por el horario amaneciendo empezaron a salir turistas al aeropuerto, a mi entrañable amigo no le quedó más remedio que sentase en el suelo y taparse con mi porta trajes. Lo dejé entrar cuando me juró que no iba a haber violencia física y como era hombre de palabra, confié en él y pasamos a dormir. Mi conferencia del día siguiente la pre-senté elegantemente vestido con un traje nuevo pero con pantuflas porque este cabrón se orinó en mis zapatos mientras yo dormía. El que se ríe... se lleva.

Después de dar nuestras brillantes conferencias, ya liberados de la presión de nuestra responsabilidad, al salir en la noche a relajarnos del stress (como ahora mamonamente lo llaman) intentábamos ponernos pedos y se nos pegó al grupo de cinco gentes del área de producción un vendedor verdaderamente pesado que quería convivir con nosotros. No nos quedó más remedio y cargamos con él. Afortunadamente se conjugaron dos elementos que solucionaron este contratiempo; uno, este cabrón tocaba, mal, pero tocaba el piano y en el bar había un piano de pared que el pianista daba la espalda a la audiencia. Le rogamos nos interpretara como dice el Maestro Sabina, lo mejor de su repertorio; después de cuatro piezas de él y dos tragos de nosotros le informamos al capitán de meseros, que éramos invitados del pianista y ahí se lo dejábamos. Al día siguiente en el desayuno buffet, se mostró muy agresivo verbalmente, pero como dicen los políticos modernos, no nos dejamos llevar por la provocación.

Nunca supe porqué, las señoras adoradas que tenemos, después de una convención de trabajo agotadora, siempre nos pedían que ahora les tocaba a ellas salir de vacaciones. Sin tener otra salida, convencí al esposo de una prima, a los cuales queremos sin reservas y muy ampliamente, de llevar a los niños a ver a los pinches muñecos de Disney World . No hay nadie más atarantado y distraído que mi querido primo político, pero no es mi culpa, sino de mi prima, yo no lo escogí. En este paraíso infantil, por necesidades biológicas no controlables, fuimos a mear al edificio programado para cubrir este evento. El escenario era imponente, a dos aguas con vigas firmes de acero a bajo nivel, donde uno mea a gusto y se inspira para platicar después de esa maravillosa sensación, que muchos poetas dicen que el chiste no es mear alto sino que haga espuma.

En ese contexto, fui filosofando con mi primo político y me empecé a preocupar cuando los pinches gringos me veían como loco, pero esto se debía a que efectivamente iba hablando como loco, pues Toño se encontraba tirado en el piso treinta metros atrás después de darse un estupendo madrazo en una de las vigas de la estructura. Regresé rápidamente a valorar la situación y solo encontré que ya se estaba reponiendo rodeado de un grupo de caritativos güeros que solo decían "Ohh my god, he is dead", yo sabía que a este cabrón, no lo mata nada.

Aún cuando todas las vacaciones están programadas para disfrutar a la familia y sobre todo a las señoras que son mártires de nuestras pendejadas y trata uno de nivelar estos pequeños detalles. Tengo que reconocer que mi querida señora ha tenido que pasar algunas vergüenzas con el galán con que se casó, y sobre todo siendo la dueña del borrachito, como en el palenque de gallos de la feria, donde todos nos conocíamos y se presentaba Lucha Villa, de quien siempre he sido "Fan", y me nació gritar "Viva Villa pero no Pancho, sino mi Lucha" a todo el Palenque, incluso a Lucha les gustó mi euforia menos a mi mujer, aunque me aplaudieron. Pasaron días de negociación.

Mario Foyo Fernandez

Yo creo, que todas las señoras en algún momento de su vida, se han sentido apenadas por ser, como ya mencionamos, las dueñas del borrachito, que al día siguiente se la cobran como si fueran el tribunal superior de justicia de la nación, así me pasó en una fiesta, en la que un invitado me confundió con mi hermano el doctor y me siguió en donde yo estaba, me repitió cuatro veces sus síntomas de que le corría un dolor de la cintura a nuca y bajaba por los brazos. Después de consultar el asunto con otras señoras amigas e invitadas a la fiesta, decidimos recetarle unos anticonceptivos de moda. Nunca volvimos a saber de él, pero nos han dicho que vive feliz en una unión gay, pero se olvidó firmarme el compromiso, de darme en su testamento, pues tenía unos dientes frontales de tamaño espectacular, esas piezas para cambiarle las cachas a mi pistola.

Ya que recibí toda clases de amenazas por parte de mi hermano el Doctor, que él sí es muy serio y profesional, de no seguí recetando, aprovechando nuestro parecido, le hice caso y para despedirme en mi corta carrera como doctor, nos tocó en un bar muy popular que estando en una mesa, con unos amigos que yo invité, nos llegaban copas de invitación a una velocidad mayor de nuestra capacidad de consumo, que para eso hay que chingarse, y le pedí al mesero que me dijera quién invitaba y fui a verlo..se abrazo de mí y me dijo "mi Doc" ya le fallé, me dijo que no tomara y nomas véame. Yo comprendí mi posición y primero lo regañé y le dije ya vete a tu casa, paga la cuenta sigue con tu tratamiento y veme el miércoles en mi consultorio. El encabronamiento de mi hermano fue total y ahí acabó mi incursión en la rama de la medicina,

Para congraciar a mi serio y formal hermano, el Doctor, acordamos con mi amigo Chucho, que mencioné anteriormente y que les recuerdo que el sí es en verdad un desmadre y con una frialdad profesional, nos llevamos al Doc a la feria de San Marcos, ni más ni menos.

Como el carro del Doc era nuevo, nos fuimos en el los tres, pero al llegar a Aguascalientes y para ir a la feria, se negó a usarlo, por lo mismo nuevo, lo que nos obligó a buscar un taxi en un cruce de dos importantes avenidas.

El Doc. se puso en un cruce y Chucho y yo en otro. No había forma de conseguir taxi, por lo que decidimos parar a una patrulla de transito y Chucho le informó al patrullero que yo era diputado federal y él era el capitán piloto aviador Lopez Blackmore, mi secretario particular y que en la esquina contraria estaba el senador por Querétaro, que pasáramos por el y en cuanto se paró la patrulla frente a él, le dijo al patrullero "llévenselos a ellos, yo no he hecho nada". El Cap. López Blackmore, convenció al Senador que se subiera a la patrulla. Ya arriba y rumbo al casino, me pregunto mi secretario particular que adonde nos llevaba a lo que le contesté que a la casa de mi amigo el gobernador. El "Senador", ya no aguantó más, nos dijo que el ahora si se bajaba, que nos fuéramos al carajo, lo que no me permitió saludar a mi amigo el gobernador y di instrucciones que nos llevaran al casino, no sin encargarle a mi secretario particular, el "Capitán", que recomendara al oficial y que yo al día siguiente pasaría a desayunarme con el Jefe del Ejecutivo.

Como bendición de Dios he tenido la oportunidad de ser algo así como "mil usos", pues he sido maestro académico, que algo ayudó a mitigar mi jodidéz pero me dio el apoyo moral de mis ramilletes espirituales, que todavía no me los acabo, o eso espero.

También fui empresario de Box y Lucha hasta que el Gobierno del Estado me informó que a mi socio ya lo iban a meter al bote por tranza. Otro negocio bueno que se fue al carajo. Después, la cagué como transportista, como rentador de tierra para sembrar chile y coseché puro temeto, (perdón, tomate). También incursioné como criador de cerdos, de pollos de engorda, solo me faltó meterme con las pinches chinchillas o búfalos. Siempre quedamos como pendejos.

Nunca perdí el espíritu de lucha ni el objeto principal que es disfrutar a mi adorada familia y ser un ejemplo para mis hijos por lo que me esforcé en que compartiéramos aficiones que nos unieran, así, compré una lancha donde aprendieron a esquiar decenas de amigos de mis hijos, que ahora son personajes, a los que quiero y recuerdo con nostalgia.

También participé en la cacería, aún cuando no soy cazador, ni nunca he matado nada, más que el aburrimiento.

Tengo un recuerdo en especial de una cacería que fui invitado por mi cuasi-hermano y mejor amigo, Juan Antonio en la que nos dieron por alojamiento un tejaban con dos literas y camastros para poner los "sleeping bags". Yo, nada pendejo, escogí cama baja de la litera, pues se oían la ratas caminando por el falso plafón. En la madrugada cayeron dos, que yo pensé que eran pavos en crianza para Navidad, ni madre.

Sin ninguna consideración fuimos despertados a las 5:00 AM para subirnos a los llamados, puertos vigía, que no son otras cosas más que jaulas a las que subes por una escalera y fui instruido que no hiciera ruido si veía algún venado. Mi compañero del puesto de vigilancia me habló seis horas después para despertarme e informarme que ya venían por nosotros para ír a comer. Me entretuve de a madre como cazador, pero como descansé.

Como comprendí que mi fuerte no era ser cazador, decidí quedarme en la casa donde "llovían ratas" y viendo la televisión, donde solo pasaban telenovelas y películas viejas tristes. Como estaba solo aproveché a llorar como nunca, más que con la película "Cuando los hijos se van" y pensé la nueva versión, más triste de "Cuando los hijos no se van".

Estaba enjuagando mis últimas lágrimas cuando llegó el dueño del rancho y me preguntó porqué no había ido de cacería, le informé de mi proyecto casero y le ofrecí ayudarlo a preparar la carne para la comida. Fuimos sacando la carne de la hielera para cocinarla, cuando terminamos con la preparación, me ofrecí para limpiar el piso de la sangre de la carne y a mi sana pregunta de "donde agarro el mechudo"...el pendejo, se cubrió sus partes y con una palidez mortuoria, me dijo "ojalá no tarden sus amigos". Después de una mentada de madre que yo le di y de aclaraciones para disculparse, me dijo con rubor...Aquí le decimos trapeador.

Así terminó mi breve carrera como cazador.

Lo que sí ha sido mi pasión eterna es la fiesta taurina, los toros, donde los jóvenes que fueron los niños de los que hablamos en un principio, ahora quieren acabar con ellos como la modernidad acabó con ellos. Acaben con la tauromaquia, con las peleas de gallos, con la charrería, con el box, con las artes marciales, con las carreras de caballos, etc. pero sí aprueben el aborto. Mi mensaje personal...Chinguen a su Madre.

Perdón, estas anécdotas solo pretenden que todos los cariños que tengo las disfruten y si se ríen, logré mi objetivo, pero sí no, como dijo el General: a los que más miedo les tengo es a los pendejos...Porque son muchos.

Con respecto a la fiesta de los toros, tengo mucho que agradecerle a Dios, que me haya permitido convivir y aprender de dos Señores a los que todavía con cariño, les lloro su ausencia: Don Javier Gárfias y Don Luis Felipe Ordaz Martínez. Por años participé desde los herraderos, las tientas y desde luego sus corridas en las mejores plazas de este país. Mi eterno recuerdo.

Quiero platicarles en especial de una tienta con mi sobrino (hermano adorado) Luis Felipe, donde nos honro con su presencia un alto prelado de la Iglesia y estando en la tribuna con él, comentamos que la vaquilla en suerte estaba, como se dice en el argot taurino, de calendario. Lo comentamos y le dije.. Monseñor..Había de aventarse, sabiendo yo que es un buen aficionado práctico. Después de pensarlo 6 segundos, me dijo...por qué chingaos no.

Me dejaba encargada una cruz de oro con engarces de rubíes y esmeraldas mientras toreaba. Intenté ponérmela al cuello y me gritó.. No mames, solo es para los ministros.

Ya aclarado lo anterior, antes de su exhibición como matador ancestral, me amenazó diciéndome...No te vayas a ir con mi cruz, Hijo de la chingada a lo que contesté. ¿Cómo cree Monseñor? Se bajó a torear y le aplaudieron a rabiar pero más por temor a Dios que por la faena.

Antes de la comida, platicábamos uno de los verdaderos toreros, de gran cartel y yo, cuando se acerca Monseñor, primero por su cruz y después para practicar el moderno entretenimiento del albur. El matador y yo, nos volteábamos a ver, sin saber que hacer, pero recordando el valioso principio de "el que se ríe se lleva", recurrí a esa enseñanzas de juventud y jodidéz y le di una repasada. Ya sentados para comer, desgraciadamente le tocó a mi Señora sentarse junto a Monseñor y le sentenció con esta frase. Hija si este cabrón es tu marido, pide mucho por él porque, se va a condenar. (Aquí volví a darle un bajón importante a mis jaculatorias obtenidas cuando las monjitas no me pagaban completo).

En estas diferencias de opinión con la señora de uno (no con otra), siempre te reclaman al día siguiente, con el tradicional, te luciste, fuiste el único, que vergüenza con Monseñor y para agravar la situación te preguntan.....¿qué vas a hacer hoy?.....Nada, responde uno con gallardía y sin consideración, te responden agresivamente. Eso me dijiste que ibas a hacer ayer...... Sí pero no terminé, le responde uno con sinceridad.

Pero también se disfruta y especialmente en estos años de juventud acumulada todo lo que represente soltar el mamón y nuevo concepto de "stress", que para mí no es más que la necesidad de sofisticar la hueva en otros lugares, especialmente playas y para esto, solo hace unas semanas nos fuimos a Ixtapa mi hermano el Doctor y serio y mi muy querida cuñada, que nos peleábamos como hermanos, porque nos queremos en serio. En una húmeda tarde muy soleada, (lo húmeda se debía a las bebidas estimulantes), nos orientaron a buscar algún lugar nocturno de ambiente. No quiero decir quién nos recomendó un lugar de gran clase y ambiente, donde seguramente, tendríamos una noche inolvidable.

Ay cabrón, desde la entrada, nos encontramos a un güey que tiene el mismo volumen de Shamu, la ballena, pero solo que en calzones y sin camisera, pero cargando en cada mano una pachita de tequila. Esto nos animó mucho y nos dio una seguridad que nos íbamos a divertir en grande. Llegó finalmente el momento en que reclamamos enérgicamente la nacayotéz del lugar a lo que mi querida cuñada acuñó una frase que quedará para la posteridad, anulando hasta el apotegma de Juárez:

## **Yo disfruto mucho, que los pobres, disfruten de su pobreza.**

Ahí, nos dejó sin argumentos por lo que de inmediato, solicitamos la intervención de un grupo musical que nos interpretara la canción que llena a plenitud nuestras raíces autóctonas y jodidas como hemos vivido siempre, que es..."El hijo del pueblo", donde en una de sus más sentidas estrofas, sentencia....pero cuantos millonarios, quisieran vivir mi vida, pa cantarle a la pobreza sin sentir ningún dolor....A lo que la mayoría de ojetes, contestamos:

No pos sí..........No pos a huevo......claro cabrón.......Ajá.....para que aprendan.

Y los pinches ricos, nomás se cagan de la risa.

Pero para salir de este distinguido night club, traté de comunicarme con mi hermano para establecer el plan de retirada y al ver que no me pelaba en mis requerimientos, mi enorme cuñada, la que creó el apotegma antes mencionado, me dijo con toda honestidad,..Grítale porque le puse cacahuates en los oídos dado que ya estaba hasta la madre del ruido y por eso no te escucha. A mi grito de, "ay Cabrón, que le hiciste", me confortó diciéndome que si eran cacahuates, pero japoneses, o sea, que no tenía riesgo de taponarse........... Hay que joderse.

Si estamos por cerrar estas "Anécdotas de un Cabrón común y corriente", no quedarían completas sin mencionar, que estas tienen gran influencia hereditaria, por lo que es indispensable, reseñar:

## ALGUNAS ANECDOTAS DE MAMA

En vida de mi Padre, el siempre supo valorar, sabia y efectivamente el altísimo riesgo que representaba comprarle un auto a mi Madre, quien ya tenía en su época de soltera un historial de percances muy importante, que solo por los tiempos aquellos, en que todo mundo se conocía y se ayudaba, no le dieron cadena perpetua. Solo como referencia: se metió a una peluquería, destrozó una frutería donde el dueño duró jodido dos meses y se tuvo que reconstruir por parte de mi Abuelo todo el local y pagar sus curaciones; también atropelló y mato el perro de un general que por suerte, el que lo llevaba paseando era solo Cabo, que se salvó de milagro, porque si hubiera sido el General, me cae que si la fusilan y ninguna influencia posible la hubiera salvado. Así fueron más casos que crearon fama en mi Mamá.

Por lo anterior, como ya relatamos, mi Padre decidió pagar los taxis que necesitara y que no eran muchos pues Querétaro era muy chico y casi todos se movían a pié.

Un año después de la muerte de Papá y habiéndose acabado la prohibición de manejar, decidió mi Madre, comprar un carro, (Ahí si cabe la expresión de "órale cabrón). Baste señalar tres recuerdos viales de Ella.

Como tenía muchos años sin "manejar", hubo necesidad de volverle a tratar de enseñar, pero con la esperanza de que tuviera mejores resultados. Así, se decidió salir a aprender en la compañía de Jaime mi hermano a su lado y otro gran amigo como Lalo Ruíz en la ventanilla opuesta. Al dar una vuelta a la derecha y un poco cerrada, subió las dos llantas derechas a la banqueta por donde iba caminando un viejito con bastón y desde luego muy lentamente, en ese momento y por razones obvias aunque distintas, los tres entraron en pánico: Jaime y Lalo aplicando los frenos, tanto el de pié como el manual y mi Mamá apretando el acelerador. El auto, ya casi parándose, solo cabeceaba: le dieron el primer llegue o empujón al viejito, quien respondió rápidamente y aceleró el paso hasta donde pudo: le llegó el segundo madrazo y pensó que estaba más seguro a media calle, por lo que se bajó de la banqueta y mi Mamá lo siguió por la misma razón del pánico. Finalmente el carro se paro y no se veía el viejito, quien estaba bajo el carro. Finalmente salió este inmortal personaje: se sacudió, le mentó la Madre a la mía y salió corriendo sin bastón.

Ya que sintió que su capacidad como chofer, había llegado a la perfección, se movía por toda la Ciudad. Hago un paréntesis para señalar que mi esposa, cada vez que solicitaba que nuestras cuatitas, la acompañaran al cine, ella las llevaba ahí y las recogía después de la función, evitando así la gravedad y riesgo que corrían de subirse con mi Mamá. No le pasó así a su gran amiga Lupita, quien sin medir el peligro, la acompañaba a todos lados y cierta ocasión, al bajar al atardecer en una calle céntrica, el sol tapaba completamente la visibilidad y al llegar al semáforo, le pidió a Lupita que checara en qué momento se ponía la luz verde . Ella obediente y bondadosa abrió la puerta y de ella se agarró, sin contar que el chofer (mi Mamá) vio que arrancaron los otros carros; por lo que "le valió madre" y también arrancó. Lupita se fue como esquiando una cuadra hasta el otro semáforo y sus zapatos de tacón quedaron como de piso pero con polainas. En lugar de reclamarle con violencia, le decía: Carmelita, por poco me matas.

Otra persona que no tenía más remedio que acompañarla en sus aventuras automotrices de alto impacto, era Tere, su leal y eterna compañera, a quien nos referimos en mi infancia como quién llevó la contabilidad de mis castigos. En una ocasión, la llevó como compañía para comprar una maceta y de la cual, llevaban la muestra al depósito localizada al final de una calle con mucha pendiente. Ya para terminar con la subida, simplemente se apagó el carro, al iniciar la bajada, por elemental ley de física, fue aumentando la velocidad hasta que 80 metros abajo, la paró milagrosamente un árbol. Tere se estrelló contra la maceta y mi Mamá contra el parabrisas, pero no les pasó nada. Fue mayor el resultado de reproches entre las dos, donde la primera nos juró que no se volvía a subir a ningún carro con una babosa al volante y la otra parte solo volvió a recordar algo de su secta diciéndole : Dios no perdona la ingratitud y la castiga muy seriamente.

Tenemos que agradecerle, que siempre trato, en su estilo de apoyarnos en nuestras actividades; aún cuando luego nos quemaba, como en una auditoría federal que le hacían a uno de mis hermanos y que lo trajeron jodido por quince días. Pero justamente el día que estaban cerrando el acta y ya estaba conciliada la auditoría, al momento de la firma, se presentó la secretaria de mi hermano, preguntando quién era el jefe de la operación porque le hablaba de México D.F. el Sub-Secretario de Hacienda, el Lic. Montenegro. Ambos auditores con extrañeza se preguntaban, quien sería el Lic. A lo que fue a contestar al teléfono: mal iniciaba la llamada cuando el supuesto Lic. Montenegro se identificaba como la Madre de quién ellos, como ladrones profesionales, no dejaban trabajar a los hombres de bien, que solo veían por sus hijos y su familia y que ellos, no tenían ningún temor a su condenación eterna. Regresó rápidamente el Jefe de Auditores y le dijo a su compañero: ya cierra la pinche acta y vámonos, ya estoy hasta la madre y después te explico quién es el Lic. Montenegro.

Tampoco fue tímida ni "dejada", y en una ocasión que la invité con unos amigos a comer a un muy caro restaurante, al final de la comida, donde el Capitán era conocido del grupo y se sintió simpático y al cuestionarla si quería alguna "cremita" con su café, mi Mamá le preguntó, ¿que cremas tiene capitán? y al mamón se le ocurrió responderle que tenía: Nivea, Ponds, Teatrical, y otras. Yo sabía lo que iba a pasar y ya no pude intervenir, pero le contestó que cual era la que usaba su mamacita, si le gustaba y le servía. Se la ganó el pendejo.

Esta sencilla narración de anécdotas, solo ha tenido la intención de recordar algunos pasajes de mi vida y compartirlos con mi familia y amigos y tratar de motivarlos a que disfruten la vida en todas sus etapas y no esperar a llegar a viejos o como decimos con juventud acumulada para lamentarnos diciendo:

**"QUE TEMPRANO SE NOS HIZO TARDE"**

A esta edad, uno hace su mejor esfuerzo. Por eso todas las noches le ruega uno a Dios que lo bendiga con un exorcismo que acompañe a uno en su petición:

## HUEVA MALDITA, SAL DE ESTE CUERPO CHAMBEADOR

También en estas edades, uno piensa como le gustaría a uno que los amigos de toda la vida, se expresaran de uno y en su velorio. Tal vez unos dirán, fue un gran amigo, otros, un gran padre y abuelo, otros, un hijo de la chingada y mil opiniones pero a mí me gustaría sobre todos los comentarios, que alguien dijera con mucha fuerza y emoción:

## HAY CABRON,...... SE ESTA MOVIENDO

Sé que está muy remoto e imposible, pero es broma y he vivido tan feliz, que estoy listo para lo que sigue y en su tiempo. Tengo y dejaría solo por algún tiempo a la familia más hermosa del mundo, quien también me inspira a no tenerle miedo al futuro.

Definitivamente, lo que íbamos a ser, ya lo somos y lo que no íbamos a ser, ya no lo fuimos y ni lo seremos...........No a estas alturas.

Nosotros, mal que bien, por lo menos, llegamos a la recta final. Y eso está como para celebrarlo:

## ¡ YA LA HICIMOS ¡

## "HOY, ES AQUEL FUTURO DEL CUAL ESTABAMOS TEMEROSOS AYER"

## GRACIAS

## MUCHAS GRACIAS POR EL PRIVILEGIO DE QUE SEAN MI FAMILIA Y MIS AMIGOS Y QUE:

## "DIOS QUE TODO LO VE"

## LES PAGUE EL HABERME DADO TANTO CON SU CARIÑO Y AMISTAD.

Los comentarios, que pueden incluir:

Apoyo a la obra

Mentada de Madre por mis pendejadas

Amenazas de madriza

Pedidos de la obra en forma masiva

Bloqueos de protectores del nuevo

País que quieren hacer

Críticas de la protección de ninis y huevones.

Críticas de los protectores de

animales (no incluye políticos)

Demanda de los colegios religiosos

Y organizaciones anexas y conexas

Deberán dirigirse a:

**Mario Foyo Fernández**

**e mail: <u>mfoyof@prodigy.net.mx</u>**

**Nos vemos el próximo año en la entrega del**

**Premio Nobel de literatura**

**En Estocolmo, Suecia.**

# *(Contraportada)*

~

## COMENTARIOS AL LIBRO DE ANECDOTAS DEL ING. MARIO FOYO F.

*"El hombre para estar completo, debe de plantar un árbol, tener un hijo y escribir un libro."*

Se me piden unas líneas, lo cual hago como un tributo al amigo.

Es un libro lleno de vida, con grandes recuerdos de las épocas desde niño, hasta su madurez, con sus primas y parientes y que él y ellos gozaran de varias travesuras propias de su edad.

Nos lleva a sus viajes y a la frontera, que era considerada "La Gomorra Mexicana". Así como cuando y como fue ascendido en su servicio militar, con el apoyo de su Señora Madre, que sí se hacía respetar y su cooperación de prestarle el carro, que mucho sirvió para sus ascensos.

También, como logro subsistir hasta hoy, donde con amenidad, nos deleita con "ajos y cebollas", para aderezar "el guiso" tan alvaradeño.

En fin, narraciones de intenso interés humano, salpicados de buen humor y gracia.

**Felicidades Mario y Lolita...............**
**disfrútenlo.**

**<u>RAYMUNDO COBO REYES</u>**
**<u>ESCULTOR</u>**